Landesbildstelle Hansa Hamburg
Hamburger Gängeviertel. Historische Ansichten

SEVERUS Verlag

Hansa Hamburg, Landesbildstelle (Hrsg.): Hamburger Gängeviertel. Historische Ansichten. 2017
Neuauflage der Ausgabe von 1934
ISBN: 978-3-86347-919-0

Ergänzendes Vorwort: Tim Feind (© SEVERUS Verlag)

Umschlaggestaltung: Annelie Lamers, SEVERUS Verlag

Bibliografische Information der Deutschen Nationalbibliothek: Die Deutsche Nationalbibliothek verzeichnet diese Publikation in der Deutschen Nationalbibliografie; detaillierte bibliografische Daten sind im Internet über https://dnb.de abrufbar.

Der SEVERUS Verlag ist ein Imprint der Bedey & Thoms Media GmbH,
Hermannstal 119k, 22119 Hamburg

SEVERUS Verlag, 2017
http://www.severus-verlag.de
Gedruckt in Deutschland
Der SEVERUS Verlag übernimmt keine juristische Verantwortung oder irgendeine Haftung für evtl. fehlerhafte Angaben und deren Folgen.

Hansa Hamburg Landesbildstelle

Hamburger Gängeviertel
Historische Ansichten

MIX
Papier aus verantwortungsvollen Quellen
Paper from responsible sources
FSC® C105338

Vorwort

Das Hamburger Gängeviertel: Heute Ausgangspunkt der modernen Künstler- und Kreativenbewegung der Hansestadt, stecken die eng bebauten Wohnquartiere in Hamburgs Alt- und Neustadt noch voller Geschichte.

Im Schutz der alten Wälle der Hansestadt befanden sich einst ausgedehnte Kohlhöfe, Gärten und Landhäuser wohlhabender Bürger. Als sich der Mauergürtel zurzeit des Dreißigjährigen Krieges weitete, erwuchsen im Schutz des sicheren Walles die Gängeviertel. Anders als die meisten deutschen Städte erlebte Hamburg zu dieser Zeit weder Verheerungen noch wirtschaftliche Niedergänge größeren Ausmaßes, und so konnte sich dieser, noch bis ins 19. Jahrhundert, mittelalterlich kleinteilig strukturierte Teil der Neustadt weiter ausdehnen. In den eng bebauten Wohnquartieren lebten zumeist ärmere Bevölkerungsschichten und insbesondere die immer weiter wachsende Arbeiterschaft.

Schlechte hygienische Zustände gipfelten in der Choleraepidemie von 1892. Zudem machten sich bald mangelnde Investitionen in die Bausubstanz bemerkbar, die sich in dem schnellen Verfall der Fachwerkhäuser äußerten. Bereits zum Ende des 19. Jahrhunderts begann man damit, einzelne Gebäude abzureißen. Die gezielte Sanierung durch Abriss wurde seit 1934 geplant und zum Objekt der nationalsozialistischen Propaganda.

Die hier gesammelten Aufnahmen wurden im selben Jahr vom Staatlichen Lichtbildamt angefertigt und dem Zweck verpflichtet, der Geburtsstätte des „Deutschen Arbeiters" zu gedenken. Die zahlreichen ehemaligen Bewohner sollten damit über den Verlust ihrer alten Heimat hinweggetröstet werden. Die ohnehin fällige Sanierung des Wohngebiets wurde als Befreiung aus der Enge und als Gegenleistung für die „Leistungen des deutschen Arbeiters" dargestellt.

Nachdem das letzte größere Gängeviertel zugunsten des Baus der U-Bahnlinie und der Errichtung mehrerer großer Verwaltungsgebäude Ende der 1960er Jahre zerstört wurde, sind heute nur noch wenige vereinzelte Bauten erhalten. Seit September 2013 wird das Gängeviertel aufwändig saniert als Reaktion auf das Verlangen vieler Hamburger Bürger und vor allem der Hamburger Initiative „Komm in die Gänge" (gegr. 2009).

Tim Feind
SEVERUS Verlag

Willi Beutler. Hof Schulgang Nr. 8

Willi Beutler. „Kornträgergang".

Carl Schreiber. „Kornträgergang" Gang im Schatten.

Willi Beutler. Blick auf das Schulgangviertel.

Willi Beutler. Schulgang Hof 8. Dunst und Rauch fängt sich.

Willi Beutler. „Blick auf Schul-, Ebräergang und Kugelsort".

Dr. Zaun. Ecke Schul- und Ebräergang.

Dr. Zaun. Altes Walmhaus Ecke Erbräergang und Kugelsort.

Willi Beutler. Langergang Nr. 32 Hof.

H. Lindenhoven. Hof im Rademachergang. Links die beiden Budentüren mit der Sahltür in der Mitte.

H. Lindenhoven. Kornträgergang, 1,20 m breit, sehr baufällig, daher gestützt.

Arthur Collatz. „Großer Trampgang"

Hildegard Müller. Ausblick im Kornträgergang.

Arthur Collatz. Hof im Schulgang Nr. 8 von Mietskasernen beschattet.

Otto Schmidt. Blick über die Dächer. Kornträgergang.

H. Lindenhoven. Langergang. Malerischer Winkel.

Arthur Collatz. Hof im Breiter Gang.

Willi Beutler. Langergang 32, Hof.

Albin Müller. Mietskaserne im Kornträgergang.

Franz Kaulfuß. Kornträgergang.

Wilhelm Seeger.   Rademachergang.

Georg Claus. Langer Gang, Ecke Kornträgergang. Straßenverkehr nach Feierabend.

Willi Beutler. Langer Gang.

Wilhelm Seeger. Großer Trampgang. Sonne, die sich ins Gängeviertel stiehlt.

Albin Müller. Schulgang.

Hans Petersen. Rückseite des Hauses Kornträgergang 6-9.

Dr. Zaun. Langergang. Notwohnung.

33

Gertrud Plath. Giebelwand.

H. Lindenhoven. Giebelwand Kornträgergang Nr. 54. Das ursprüngliche Budenhaus ist zu erkennen und zwei spätere Aufstockungen.

Dr. Zaun. Ecke Kornträgergang und Rademachergang. Einsparung der Ecke.
Schutz des Hauses durch Prellsteine.

Dr. Zaun. Langer Gang. Hof 32. Verdeckter äußerer Sahlaufgang.
Dahinter die Aborte.

Dr. Zaun. Rademachergang. Teil des Wattenhofes. Wasserhahn im Freien.

Dr. Zaun. Blick aus dem Ebräergang.

Willi Beutler. Alte Tür im Langer Gang.

Dr. Zaun. Barocktür im Rademachergang. Ehemalige Wohnung des Bürgerkapitäns.

Hugo Amberg. Rademachergang 47.

Otto Schmidt. Alte Treppe im Hause Kornträgergang Nr. 12.

Willi Beutler. Treppe im Langergang 32.

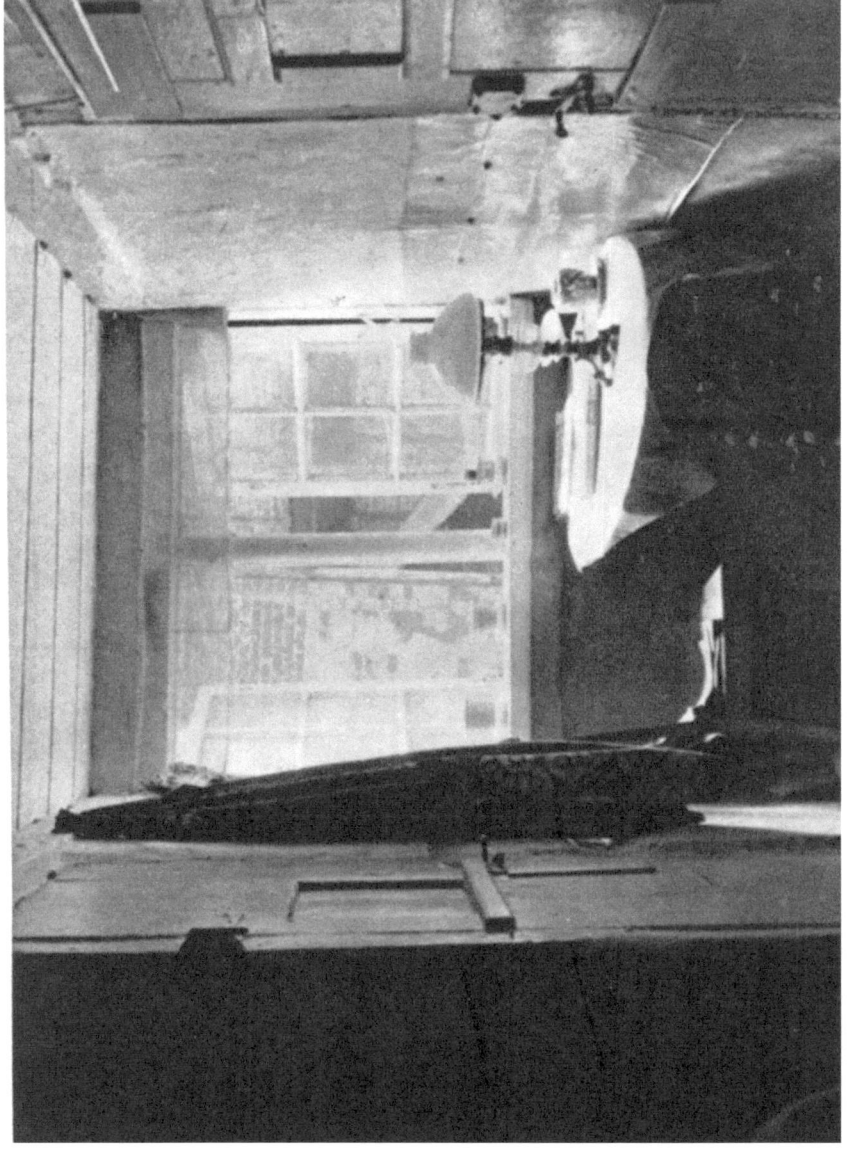

Carl Schreiber. Zimmer Langergang.

Dr. Zaun. Sahlwohnung Langergang 32. Vorraum als Küche benutzt.

H. Lindenhoven. Breitergang. Eingebauter neuer Küchenherd in der altdeutschen Herdnische.

Dr. Zaun. Sahlwohnung Langergang 32. Schlafzimmer der Eltern.

Dr. Zaun. Idylle im Sonnenschein. Schulgang Hof Nr. 8

Dr. Zaun. Langer Gang Hof 32.

H. Lindenhoven. Breitergang. Hof. Budenwohnungen in ihrer ursprünglichen Form.

Henry Danker. Spielende Kinder im Wohnhof. Rademachergang.

Arthur Cuplow. Hof Breitergang Nr. 11. Ruhestunde.

C. Sartorilo. Hof Kornträgergang Nr. 11.